The Flechitorium

The Flechitorium
Ballads, Gaitherins, & Legend and a Tale from the fowk's Republic of Fife

Tom Hubbard

GRACE NOTE PUBLICATIONS

The Flechitorium
This edition published 2017 by
Grace Note Publications C.I.C.
Grange of Locherlour,
Ochtertyre, PH7 4JS,
Scotland

books@gracenotereading.co.uk
www.gracenotepublications.co.uk

ISBN 978-1-907676-93-2

First published in 2017

Some of these poems have appeared in the following
publications and outlets: *BBC Radio Scotland, Clanjamfrie,
Cyphers* (Dublin), *Fife Lines* (Leslie), *Fringe of Gold* (Birlinn),
Isolde's Luve-Daith (Akros) [and see special note, following
the poem, on Ronald Stevenson's musical setting of part of
the poem], *Journeys into the Literary Landscape:* PDF of the
Resource Pack (Centre for Stewardship, Falkland), *Lallans,
The Merry Dancers* (Aberdeen), *The Nyaff* (Windfall Books),
Peacocks and Squirrels (Akros), *Publicationes Universitatis
Miskolcinensis* (University of Miskolc, Hungary), Scottish
Arts Council Poem of the Month, *Scottish Faust* (Kettillonia),
Scots Glasnost (Edinburgh), *Zed20 (Kirkcaldy)*. My thanks to
all editors concerned.

A catalogue record for this book is available
from the British Library

To the memory of
EBERHARD 'PADDY' BORT
1954 – 2017

CONTENTS

PREFACE

This collection contains everything a reader familiar with Tom Hubbard's work would expect and hope for. And if you are new to the Hubbard poetic experience then you are in for a treat. *The Flechitorium* presents an enormous range of subject matters, forms, styles and language but all of them are lynch-pinned by the author's deep and sometimes ambivalent relationship with his native Fife. Throw in the author's encyclopedic knowledge of European leids and literature, a love of lore and learning that never gets pompous and a Joycean humour and restless enjoyment in playing with words, and you get a bit nearer to pinning down the magic of the book. But what is a Flechitorium? You'll have to read the poem therein to find out, dear reader, but be careful – this is a collection with a real bite to it.

On the bill in this particular *Flechitorium* are a fistful of narrative ballads, historical and humorous to get us off to a flier. Then the mood changes and becomes more reflective and sombre with the Hungarian translations of Lajos Áprily. *Isolde's Luve-Daith* takes us to the heady operatic realm of Wagner and Schopenhauer's philosophy – but written in a beautifully modulated and controlled Scots. That old Scottish literary tradition of flyting is resumed and developed in the contretemps between the allegorical squirrel and the peacock in Dunfermline Glen. For me, some of the most effective and poignant poems in the whole collection are to be found in the section where Tom explores and meditates on his youth, family background and Fife upbringing in the fifties and sixties – reading these poems is like watching the past on old home-made movies, recognisable but unreachable. And as a bonus, the gathering of braw poems is enhanced by a sulfurous tale to conclude – though one more RLS than Hammer House of Horror.

All in all, *The Flechitorium* is a delicious Fife broth or even Langtoun bouillabaisse if you prefer, with its many hints and references to other literary cuisines beyond Fife and Scotland. At times it is funny, at others serious, it is always humane in its span of concerns from bawdy to spiritual yet the poems are crafted to address and engage intellectually as well as emotionally. Whether supped with short or lang spuin it will satisfy all tastes.

WILLIAM HERSHAW
Lochgelly, November 2016

Ballads

BALLAD OF THE KING, THE CUDDY,
AND THE MAKAR

The king rides from Dunfermline town
        Upon a lusty steed:
To venture forth to heaven (or hell),
        He feels no more the need

For angels' wings (or devil's back):
        This horse shall serve him well.
From his domain the king rides out,
        And seeks a lonely cell

That's carved into the winding gorge
        Below the abbey tower:
'Hail, poet! Meet your royal lord,
        Depart your loveless bower.'

Old Tam the Rhymer stumbles out
        As the fierce galloping
Shakes the loose rocks with steep descent.
        He falls before his king,

Not as in self-abasement: no,
        For he, too, was princely.
True Thomas was the toast of the ladies
        Long before years, frailty,

And foul-breathing memory
        Of one-time glory.
The king had birth, subjects, a bride:
        Poor Tam had a history.

'My liege, I'd hae ye mynd o me:
        My auld banes bend and crack.
Ye hae a bonny cuddy there,
        But there's muckle that ye lack.

'Venus hersel took me for lover:
        The seiven-year bliss
Grantit to goddess and mortal bard –
        Ye cannae follow this.

'Gin ye'd hunt deer, and princesses
        (For shair, ye've huntit baith),
Tak tent o thon wild cuddy there,
        For shair, he'll prove yer daith.'

'Bold churl! That's but a poet's tale:
        What fool, sir, would you make me?
To my lady Yolanta
        Shall this beast safely take me.'

And so he did. The king was right,
        As befits majesty.
He rides again from the royal town,
        To his lands by the sea:

Where a fellow-huntsman, in pursuit,
        Precipitately
Looses his arrow, way off course –
        It strikes a tree,

Rebounds, and hits the royal horse.
        The king tumbles
On moss as soft's a bridal bed,
        Kicks the dead beast, and ambles

Laughingly to Dunfermline town,
        Tells Tam his poetry
May be the finest in the land,
        But not his prophecy.

Tammas the Makar knew his trade,
        And aye could turn a rhyme:
'Cuddies and bards, their flesh sall fade,
        But words sall byde their time.

'Aiblins thon beast wis like myself,
        And we are makars baith
Whase art ootlives the artist. Mynd:
        He yet may prove your daith.'

The king rides out once more, upon
        A tame and timid steed.
The hunt is poor, a storm's at sea,
        His Majesty must heed

The wedding banquet newly spread.
        The fussing chambermaids
Prepare the royal marriage-bed:
        Princess Yolanta waits.

The wood echoes with fierce lament;
        Dark forms stalk through the night.
What is that heap of rottenness
        At which the horse takes fright?

The living beast has stumbled on
        The dead beast's remains:
The king summons up his skill,
        But loses the reins;

The steed makes for the cliffs of Fife –
        The waves rage below.
Poor Scotland's night has just begun,
        While the grim boatmen row.

When Alexander our king was dead
        A terror struck the nation,
But Tam the Rhymer felt instead
        Aesthetic consummation:

'The auld banes crack: their joke's near done.
        Though ugsome be the stink,
The auld banes cry the young banes on,
        In their ain slime to sink.'

BALLANT O MICHAEL SCOT AND
THE BLECK COOSER

1

Michael Scot and his secret pouers
   Steired up the continent.
Throu ilka nation baur his ain
   High heidyins wad tak tent.

They feared this northren wanderer
   Wha spoke as gin he tuik
Aa that he kent o lift and yird
   Oot o a single buik.

Throu ilka nation baur his ain,
   He read the starns wi ease,
And thus cuid tell frae a rustin blade
   The swordsman's ain disease.

Metals and men he analysed
   Wi that an unco sicht,
Fowk wunnered at the burnist gless
   Throu whilk he leuked at nicht.

Michael Scot and his secret pouers
   Steired up the continent.
Certes, his science wis his ain;
   — Wha forged his instrument?

7

The King o France, he gien a dance:
        He feared or else forgot
Ti scrieve an invitatioun
        Ti Doctour Michael Scot.

Michael thocht it wis policy
        The palace didna send it
(The leddies were aa bonny there)
        Sae Michael felt offendit.

He strides intil the royal haa,
        Juist smilin. In a crack
He hears a silken silence faa:
        Yon throne can fairly shak.

Michael leads up his finest baest,
        A cooser wi sic een
Cuid guide its rider richt throu Hell;
        And bleck, bleck wis its sheen.

'Frien king, I spy a princess here
        Wad pruive a nice wee catch:
Gin I were prince o your southren launds
        I'd be an equal match!

'My rule there wad be absolute,
        Whilk means less wark fir you.
Michael Scot as a relative!
        And colleague! Think it throu!

'My cuddy here sall ramp three times
        Upon your palace flair:
I wadna hae your delicat guests
        Unsettled ony mair.'

At the first ramp, the bells o France
        Throu-oot the laund were ringin;
The saicont ramp, the palace touers
        Doun ti the groond were dingin.

Then the third ramp — it never came:
        The king cried oot an aith,
That Michael Scot suid hae princess
        And principality baith.

3

Süne, amorous pley on the strand o Nice
        Exhausts oor northerner:
His exile he'll suspend awhile
        If it's aa richt wi her,

Forby his ither leddy-friens.
        He canna bear the heat o
The sun (nor Hell?). He rides and sails
        Ti Scotland incognito,

Frae strand o Nice ti strand o Fife,
        Ti find his natal hame:
Tho ilka territour baur this
        Is witness ti his fame.

He seeks a stane, weill-kent in youth,
        That lowers abüne the howe —
Whaur lanely pilgrims o the damned
        Glide throu the winter drow.

He seeks the stane that's cried Bell Craig
        That mass thrist up frae Hell.
— Michael rides up ti the tap o Bell Craig!
        Then frae the eldritch dell

Or amphitheatre ti his stage,
        Obedient ti his cry,
Bogles and worricows lowp oot,
        Fleggin the sheep and kye.

'My spunkies! Wi your mismade heids,
        Globed een, and leddery lugs:
This, my ain laund, miscaad my deeds,
        And locked me in the juggs.

'This, my ain laund, forgets me nou —
        But I mynd it ower weill!
We'll claim my due, gin I am claimed
        By oor guid lord the Deil.'

The bleck cooser on the Bell Craig,
        He heard oor Michael oot.
He ramped the tap o the Bell Craig,
        And left the mark o's cloot.

THE TREISURE O NORRIE'S LAW

There came a birkie tinker loun
        Alang the coast o Fife:
Crossed the Keil Burn ti Largo Toun
        Whaur the reek o fush is rife.

Thon toun wis wee, and lookit east
        Towart the warld's destinies:
Oor frien unpacked his humble feast
        Whaur the Keil Burn jynes seiven seas.

He loved the tales aa tinkers tell,
        And at the herbour-waa
He thocht hou, yont the ocean swell,
        A son o this Largo

Decked oot his lanely island realm,
        Sole laird and captain there:
Staunin at the shore, as at the helm,
        Though anchored evermair.

Oor tinker thocht: *Thon Selkirk lad*
        Wis a wild boy, like mysel;
The folk here aa thocht he wis wud,
        Fit candidate fir Hell.

Oor tinker thocht o anither tale
     As he daunered on the strand:
O ploys no fir the settin sail,
     But a puckle mile inland.

Sae whan did aa this come aboot,
     Oor tinker's mystery tour?
The year whan Wattie Scott brocht oot
     The Bride o Lammermuir.

Eichteen-nineteen: the new romance?
     Nae lunatic at the tiller,
But the eydent upstert wha taks his chance
     In his quest fir instant siller.

Haurd-heidit monomaniac,
     Perfervid materialist –
Ye'll can read o his kind in Monsieur Balzac,
     Shakkin an angry fist

At whit and wha wad haud him back:
     He'll show thaim! Lat thaim see!
The lawd frae the wrang side o the tracks
     Jynin the bourgeoisie!

Eichteen-nineteen: whan Scott brocht oot
     Montrose *and* Ivanhoe;
But the times are lookin mair ti suit
     Thon later Père Goriot.[1]

---

[1] *The indented italicised stanzas can be omitted in performance.*

It wisnae the siller o fush's scales
　　　　That feshed oor man at aa.
It wis the siller yirdit whyles
　　　　Neth the cairn o Norrie's Law.

Folk said, that thon ghaist-hauntit hill
　　　　Loomin hazily inland,
Wis pit there bi the verra Deil,
　　　　At Michael Scot's command –

Sir Michael, weill-kent fir his micht
　　　　O magic won frae Hell,
Took tent ti keep weill oot o sicht
　　　　Whit he wantit fir himsel.

Sae the secret Roman hoard wis hid
　　　　Bi the Deil's contractit task:
Yit the stories grew, o an iron lid,
　　　　O a kist … but few wad ask,

Fir they kent whit happened ti a herd,
　　　　Wha got lost i the haar whan fou:
The victim o speerits (sae folk averred)
　　　　Mair nor whit had entered his mou.

Puir Tammie, chased bi Roman deid,
　　　　Had faan inti a pit:
Deil and wizard had covered this steid,
　　　　But Tam discovered it:

Withoot enjoyin the benefit
        O his windfaa's true meisure:
Puir Tammie (folk said) ligs there yit,
        His banes melled wi the treisure.

Oor tinker thocht: *Fir thon daft sowel*
        Be shair, I'm truly sorry,
But my *fate winna be sae foul*
        As that o Tammie Norrie.

In Largo Toun the fisherfolk
        Eye him up craftily:
They think the legends are a joke,
        Their walth's in the sea.

Ower their yill i the Crusoe Inn
        They bother oor young hero:
'Ay, ay, sir, sae ye're set ti win
        The loot o Emperor Nero?'

'You talkin ti me?' (He winna fecht –
        He'll need his strength – and mair)
'Ay, you, sir: ye'll end up fair peched –
        Ye'll no find naethin *there.*

You and your kind, aye in yer drink,
        Ye tak some mental notion
O hittin the big-time. Ye scabby tink,
        Ye're pishin in the ocean.'

'Och, bugger youse,' then cries oor tink,
        'Swallyin in yer troch –
It's you wi yer rotten fush that stink!
        Ah'll hae the last lauch.'

And sae, withoot mair drucken blether,
        He's up the Serpentine Walk,
Doun Kirktoun Brae whaur the wifies foregaither
        On the oor, bi the village clock.

Taks the roch track Pitcruvie-wey,
        Balcormo and Baldastard,
Growlin, 'Gin somewan follaes me,
        Ah'll crucify the bastard.'

He plowters through the sharny park,
        In dubs gey near ti faa –
But ower the haze, there rises stark
        Thon eldritch Norrie's Law.

He teirs through brambles and through whins:
        They'll scart him sair, I'll bet –
Whit maitters? Süne, he'll be a prince,
        Wi 's ain gowd coronet.

Deep, deep, he dells whaur the rock cleaves
        As he saw in 's dream:
Through twigs and mony an autumn's leaves,
        The slime o a deid oak-beam.

The nerra passage ti the cave
        Reeks like the verra lair
O aa that Christ's bluid cuidna save,
        As if they rottit there.

Whit maitters? – He's crawled through the last fissure,
        Past Tammie's banes … ti the kist, o!
Oor tink has fund the lang-lost treisure,
        Like the Coont o Monte Cristo!

Nae mair he'll wander on the loose
        Like a coorse tink! Ti dang w'it!
He'll find himself a snod wee hoose
        And a snod wee wife ti gang wi't.

Sae he packs up his new-fund gear:
        He heids ti Cupar Toun:
Sells the lot ti a jeweller,
        And it's aa meltit doun.

The last I heard, he'd dumped puir Mag
        (Though their brek-up had been loomin),
Mairrit Suzie the floozie frae the Lion and Stag
        And made her an honest woman.

He's now the proud owner of several homes
        (Why no, whan ye've got the dosh?)
Wi their gairden collection o porcelain gnomes:
        And the couple's gaun awfully posh.

Mair responsible faither than he wis aince
          (As befits a reformed bed-hopper),
He and his Suze hae brocht up their weans
          At all times to speak proper.

But the word got roond aboot Norrie's Law:
          Wis their onything he'd missed?
Sae the highheidyins in Edinbro
          Hired an archaeologist,

Wha dug aroond in that there cave
          And, muckle ti his elation,
This learned chiel wis able ti save
          Some relics fir the nation.

The feck o the hoard (alas) wis a goner,
          That Suze's man cuid privateese:
But gin ye'd see whit's left, juist dauner
          Ti the Myoo-zee-um o Antiquities.

THE FLECHITORIUM

In the mirk o a Dysart pictur-hoose
        Young couples dinna want ti be seen:
Forget Spencer Tracy and Katharine Hepburn –
        The real action's no on screen.

It wis a lover and his lass
        Were chowin awa at ilk ither:
Says Hollywood: 'Some Like it Hot' –
        But see twa Fifers thegither!

Oor amorous pair, they didnae care
        Fir celluloid illusions:
Aa they required wis a wee bit neuk
        Free frae their elders' intrusions.

But alas! Aa pleisure is melled wi pain:
        As they randy grew, and mair,
It wis 'Ouch!' – 'Thon's a sensitive pairt' – 'Caum doun'
        – 'Keep yer teeth ti yersel' – 'No! No *there*!'

When they pit on the lights, they were covered in bites:
        Nou, wha did whit ti wha?
Yet sex-plus-violence, as aabody kens,
        Is the cinema's formula.

'Thon's no *ma* mark! Dinnae blame me fir that!' —
   'Twa's company – three's a cheat!
I'll bet ye had some fancy-bit
   Hidden under yer seat!'

But truth ti tell, it had naethin ti dae
   Wi erotic pants and pechs:
This wis Dysart's FLECHITORIUM,
   And the culprits were aa flechs!

THE BAMPÔT

1

Fir fowerty year and mair, he howked
      His sowel oot o the pit,
Then walked the coast wi ghaists o men
      Whase banes lig under it.

Ae late September, lang the pad
      Frae Dysart ti the Wemyss,
He saw the bleckened strand o Fife
      Straiked wi the simmer leams.

And lythely doun the wuidit brou
      He came as ti a kiss;
A voice that bade his backwart thochts,
      — But faurer back than this.

A voice that myndit him o days
      He'd heard it here afore,
— But bade him tak his leave at last
      o this familiar shore.

A hame, and bairns, and politics,
      A holiday in France:
— The voice wad hae him turn it ower
      The better ti advance.

The Communards in Père-Lachaise,
        His lang-voued pilgrimage:
Her voice, as then, wad ease defait,
        The aye-retourin rage.

Her voice, the pit-heid, baith were his
        Fir fowerty year and mair:
Stilled at the selsame oor — akh, that
        Wis sair, sair.

Thon voice nou bade him think it back,
        Back, faurer back than this,
Or men had warked and walked the coast
        And coal wis growthieness.

Her voice nou bade him seek their bairns,
        And byde nae mair his lane;
Oot West was his millennium:
        Here, there wis nane.

2

They cried him 'the Bampôt'
        Fir the furthieness o 's face:
He'd come ti a blend
        o rouchness and grace.

Juist ae week in Glesgae
        He'd sprung up the same
As the daffs o Kelvingrove
        — But he'd ootleeve thaim.

Auldyins tak rheumatics, like,
        Or halitosis
— Aa he wis inti
        Wis metamorphosis.

See him at the culture-points,
        His comments taen as crits;
— The Gallus at the Galleries,
        The Tramway, Tron, and Citz:

That's hou they sized him up,
        This New, Refreshing Voice —
They had him on the telly
        Presentin *Fifie's Choice.*

The trendies in their wine-baurs,
        Enjoyed their wee-bit game:
They tuik the piss richt oot o him
        And he oot o thaim.

His obsession wi the French
        Won the juiciest o jaunts
Ti Paris, politics and art, —
        And leukin up auld haunts.

Ilk mornin he woke up
        He felt he wis made new
— 'Cept efter gettin blootered
        Wi the camera crew.

'Auld Bampôt, schir, we luve ye,
      And hou else cuid it be,
Whan you're the finest Bampôt
      In Goad's Bampôtisserie!'

The hangover lastit
      Lang efter his retour:
He tuik ti his buiks,
      And turned a bit dour.

There wis nae mair caa
      Fir his purity and passion:
His auld-farrant weys
      Had gone oot o fashion.

Oor Bampôt a has-been?
      Nae mair Tam the Bam?
He puffed on his pipe:
      'I'll be whit I am.'

His dochter juist lauched
      As he sat bi the hairth:
'Ye're a fly auld bugger
      — The malt o the dearth!'

3

Wi the breengin ower their heids
      Frae the underpass,
The auldyin hochles on
      Wi a simmer-spreckled lass.

They're throu the east gates
        o Victórie Park:
She lauchs, the sunblink on her frock;
        He sweits throu his sark.

He views the winged figure
        On the war memorial:
She runs her finger ower the names,
        Skips roun the pedestal.

'She'll hae me pechin at the swings,
        Forby the roondaboot;
She'll get clart on her bahookie
        Frae slidin on that chute.'

'Grandad, when ye're auld like you
        Duis it mean ye'll süne dee?'
'I'll tak ye ti the Fossil Grove —
        It's aulder faur nor me.'

He gien her a shoodery,
        And telt the bit quean
Hou the stumps and ruits grew there
        Millions o years syne.

As he yabbled awaa
        Ti his dochter's wean
There were words in his heid
        Fir himsel alane.

'Fife miners, Aiberdeen quarrymen,
        Welders o the Clyde —
The bairns' saundcastles
        Sweeled i the tide —

'Whit yince stertit frae spores
        Sterts anew, frae seeds:
Whit rots, restores
        In successive breeds:

'Whit oot-tapped the forest
        Ligs here, stane-dry;
Its efterkin, a tottie herb[2]
        In thon gairden ootby.

'There's fossil-fish I mynd
        I howkit frae the face:
Their past's in the present
        Like the nicht, in space.

'Hae humans, then, gien ower
        The evolution game?
Ti cheenge and ti continue —
        Are they no juist the same?

'It maks your stamack licht
        And your heid heavy
— Or the ither wey roond
        Like you'd been on the bevvy.

---

[2] *alternative reading:* hairb

25

'Tak a tummle ti yoursel, min!
        Duis the green turn ti grey,
And the grey ti green?'
                — 'Grandad, come on,
        I want back oot ti play.'

NOTES

'The King, the Cuddy, and the Makar' first appeared in my collection Peacocks and Squirrels *(2007), which was a limited edition with photographs by Duncan Glen. It was reprinted in* The Merry Dancers: Poems, Ballads and Tales from the North Sea and the Baltic, in Scots and English *(2012), a pamphlet collection which I co-wrote with Sheena Blackhall, Aberdeen's City Makar. 'Michael Scot and the Bleck Cooser' made its debut in the magazine* Lallans, *no. 46 (Whitsuntid 1996), and subsequently appeared in my pamphlet collection* Scottish Faust *(2004); I also recorded it for a BBC Radio Scotland piece on Michael Scot (2005). 'The Treisure o Norrie's Law' was in* The Merry Dancers; *'The Flechitorium' appears here for the first time. 'The Bampôt':* Fife Lines *magazine (no.1, 1998) and later in* Scottish Faust.

Gaitherin 1

SCOTTISH MUID

From the Hungarian of Lajos Áprily

Haar on the watter, haar in the parks,
        River and white haar o the north.
O wha has hushed wi her ain milk
        This lown earth?

There's tides that swurl ayont aa sicht
        Ablow the black craig o the ness.
The drookit sheep hae couried doun,
        Dovin on the weet gress.

There's unco dreamin in this airt,
        Whaur the birks greet throu the souch:
The echo o an auld-warld ballant
        In ilka castle-neuk.

And the daurk fisher's boat
        Growes ti a ghaist-ship on the seas:
And faddoms deep, Sir Patrick Spens
        Lies in a dwam o young leddies.

The sea-maws stoiter i the lift,
        Blinly they faa ti the grey earth.
Belike I'm dreamin nou mysel,
        That here I'm daunerin i the north.

And at Sanct-Aundraes, bi the haar
        Raither nor bi the müne convoyit,
There walks in sleep thon braw Scots queen,
        Her doo's-neck splattert ower wi bluid.

NORTHERN ROSES

From the Hungarian of Lajos Áprily

It was no dream: colours and fragrances,
Not eastern spell, but north's reality.
It was late autumn, and yet the roses
Bloomed in St Andrews, above the sea.

'The Gulf Stream,' said my professorial friend,
'Is known to visit these our Scottish shores.
Fresh lawns and sumptuous flower-beds, end to end,
Reach inland from the East Sands to The Scores.'

But my own land is trembling with the blight,
The coming of the European Frost:
Oh that the Gulf could hold us, cure us quite,
Before we shrivel up and sink almost,

So we'd ignite a colour or two, going down,
And even greet the winter florally,
Just like those gardens in that snod wee town,
St Andrews, there above the northern sea.

DIALOGUE OF THE PEACOCK AND THE SQUIRREL

Peacock:
Their forefolk built the dun and founded Scotland
But they have shed their few remaining feathers,
To shrink into a quivering nervy band
Nodding to those who echo their own blethers.
To any he or she who here foregathers
I'll spread my motley, I'll restore their home
As it was once: no longer monochrome.

Squirrel:
 Ay, that's aa verra weill, but hear me, neebour,
Yer mediaevalisin's fantasy
Ti ony chiel that's mindful o the labour
That's turned this land throu ilka century.
Even thir fellas cloistert and maist haly
Wrocht coal inby this glen. You talk o colour:
It's aye been black or grey here, and scant siller.

Peacock:
 Oh my fine righteous red republican,
Red you are too, like any royal beast,
For you were royal once: from barbican
To topiary, this whole domain was leased
To such a darting dancer, for to feast
On all that's graspable by tiny digits
 —Yet no lush prospect's visible to . . . midgets.

Squirrel:

 Tak tent, lord dandy, wha ye're lookin at:
You've aye enjoyed the shairer patronage.
I'm sib ti huntit craiturs like the rat,
Whase toun-wide sewer serves him for his cage,
Wha bids me cousinly welcome. I've seen rage
That spreids throu conduits that frae you are hidden,
And leads to bleckened banes in the aish-midden.

Peacock:

But when you scamper blithely up the mound
Your insolent beauty challenges the spring
To thrust its freshness through the long moss-bound
Stones of the tower: why, my strutting
On the pavilion steps could never bring
To your unfurling tail more artistry,
Your glance through rhododendron density.

Squirrel:

 — *Zha hüre, sir!* Thanks, though, fir the compliment:
I've seen ye venture furth ootby the street,
Yer gowd, yer green, yer purple efflorescent;
And, shair, I fund the concept fair effete,
But there wis showmanship that had me beat!
Still, I'll crack ony kernel, fine or fozie,
And lowp awa frae folk that get ower-cosy.

THE DUCHESS O KINGLASSIE

O the Duchess o Kinglassie
Has a hoose baith bold and brassy:
They can fit ye in before or efter denner;
And I'm *telt* that there is no job
Like their world-famous blow-job,
And a quickie (wi yer bus-pass) costs a tenner.

They can always get a shipment
O the very best equipment –
That's rubber, chains, locks, whips, and most elastics:
They've got multiple positions
That'll suit all politicians
And special rates for high ecclesiastics.

This *madame*'s the toughest cookie,
But provides most high-class nookie,
As her staff are picked for their genteel refinement;
On that ye needna worry
For they come frae Edinburry,
And are ultra-Unionist in their refinement.

Ye'll no find hanky-panky
In the likes o Ladybank, eh?
When ye're on the prowl ye hae ti be quite sassy:
Ye've nae hope o rub-a-dub-dub
In yer local Polish Club,
But ye'll get it in the Duchess o Kinglassie.

O the Duchess o Kinglassie!
'Holy crap, and Lawd-a-Mahrcy',
Howls a Yank. 'Man, Ah cain't git no satisfaction!'
And a Frenchman wails, 'C'est dur,
En Écosse, je cherche l'amour – '
Come wi *me*, guys, and I'll tak yez ti the action!

Young Scotsmen are sae dim,
Puritanical and prim:
Gie thaim advice on sex? Why, they'll no hae it!
But the Duchess, there's nae messin
When she learns thaim their first lesson:
'Mind, lawdie, tak yer breeks aff when ye dae it!'

O, the Duchess, entrepreneur,
Ye can tell, nae fleas on her –
Naw, the fleas are on her clients, sae ti speak:
But the Wealth o oor great Nation
Grows wi each ejaculation!
(Though the punters shuffle oot, and grunt, or squeak.)

There, laid bare, are the resources
O oor sexual market forces:
Post-coital angst when aa the lichts are dimmin.
And folk say, that that's as much as
Ye'll get frae this same Duchess –
Rooms o sad men and even sadder women.

NOTES

'Scottish Muid' and 'Northern Roses' first appeared in Publicationes Universitatis Miskolcinensis, vol. 1, no. 2 (2010), and I'm grateful to Dr Attila Dósa for his collaboration in an initial working draft in English. The two poems subsequently appeared in the magazine Zed20 and in Fringe of Gold (2008), co-edited by Duncan Glen and myself.

Lajos Áprily (1887–1967) was one of the foremost translators of Robert Burns into Hungarian, and I wanted to return the favour, as it were.

The 'Dialogue' was the title poem of Peacocks and Squirrels. Squirrels were introduced by the Scottish kings to the woodland around Malcolm's Tower and the Royal Palace, the area now known as Dunfermline Glen. Zha hüre, sir! is a form of address — half-menacing banter, really — favoured by working-class Fife males. It doesn't mean 'You prostitute' — the 'hüre' is closer to the Hiberno-English 'cute hoor', meaning someone who is smart, even too smart for his own good. Peacocks build cathedrals; squirrels add the gargoyles. In my introduction to Duncan Glen's Walking in Rural Fife (Akros 2007), I wrote: 'Fife is a microcosm of Scotland in its noble uplands, [its] palaces, its proud face [...] That's the peacock. Fife is also the dour banter of its working folk, quick to put down any "Edinburry" pretensions, our local version, if you like, of [...] the "reductive idiom". Enter the squirrel. And what a cheeky fella he is. The peacock can be pompous, overblown; and yet the squirrel can often be "the spirit who denies" (Goethe, Faust), gratuitously destructive of endeavours that attempt sincerely to be enhancing, which try to challenge and expand our consciousness. Sure, we need both beasties at their best, setting off each other in a creative dialogue; a poor Faust it would be without his Mephistopheles, and vice versa.'

'The Duchess o Kinglassie' appears here for the first time.

The Legend

ISOLDE'S LUVE-DAITH

This is oor hinmaist chaumer. We hae come faur,
Frae exile throu the warlt's ilka airt;
This is thon warlt's end. We winna pairt
Here at the endless tryst o watter an scaur.

Oor luve wis swaw on swaw o the gloamin sea,
As it lowps ti lowse pouer that gars it lowp again;
Oor luve wis a wildrife walterin o the tide
Forrit an back, frae its deeps richt up ti the lift,
That the maws made oor maisic, mair unco nor
           even their ain.

They hae waukened, if no the deid, then the
           hauf-deid,
Wha canna thole fowk wi the ootmaist wey ti leeve;
 Sae I come greetin ower your braken corp
An haud it gentlie gin this staunin-stane
Auncient an roch as wis your Governal,
Wha learned you fae a bairn. He ligs haurd by,
Foundert there bi the swurd that foundert you;
Tristan, it claims a thurd: we'll can win throu.

You brocht me ower the sea fir ti mairry Mark
But ower the sea, we cam ti luve ilk ither.
We dreidit sicht o the kinrik whase puir king
Hochled his lane ti walcome us ashore,
Nae side ti him ava: this selsame Mark,

Sair guidit bi a cushle-mushle o scowks,
A sleekit core o foongers an come-ups;
Mark, aince the frien o Tristan an mysel,
His uncle, my guidman;
Yit they made a wickitness o this oor weird,
Whan oor mutual luve cuid aiblins aa made hale;
– O that oor luve fir him had skailt oor peetie.

Tristan,
We twa cuid never blüme in a bien bield
Owerhung wi caunopies an taupestries;
In neuk an haa smoorit wi fineries;
We cuidna thole sic douce an dentie ludgins.
We twa cuid ken nae saucht whaur a sauntlik king
Warkt guid ti ilka body baur himsel;
Whaur aa collogued fir cheatrie baur himsel;
— We preed the midden neth the banketin-buird.
Tristan, your clarsach tint its glaumourie:
Nae tuin but it wad come oot fushionless
There, in than coort: you wintit the wulderness
Ti rax your sang an gar it bleeze the bluid!
And I, yince skeelie as mediciner,
Had naither baulm nor hairb fir this disays;
Oor lang-won lear had faan ti dwyne an daise;
Whit yuise wis there fir Tristan an Isolde?

The nicht gaed doun, an lichtit up oor deeps.
The nicht gaed doun, the nicht wis aye oor fere.
I kent a door ti the cellar, thence anither
Ti the shank o a mine, dishauntit mony year.
As mony year it seemed as we follaed thon fankle

O pit-mirk pads whaur I wis feart ti hyter
Ower the skelets o men an aiblins o weemen
        an weans:
Whit yuise wis there fir Tristan an Isolde?
Suid we no sterve, an eik mair banes ti banes?

At lang an last, we heard the fash o the firth
An won ti the mou o the caif: oor dwallin, Tristan,
That we had heired fae craiturs unlik us
An yit sae sib, fae the airliest o oor kin;
Coorse chiels wha skartit ferlies on the waas,
Lik the sudden kinks o the lichtnin an the serpens;
The caup wi a ring inby; the riven sceptre;
An the ship that sails fir aye, that kens nae herbour,
That canna wrack . . . O my beluvit Tristan,
We twa tuik oor blytheheid in that clintie bield,
Or whaur we clammered abüne, ti reenge fir meat:
Than bouer i the forest, that you biggit wi brainches,
That mysel flaired wi the leafs. Oor wine wis the
        spring-heid,
Oor farin, the ruits we howked. On oor luves
        an sleeps
The nicht gaed doun, an lichtit up oor deeps.

We twa hae spaed aa whummlins o the yird,
Tho nou the face bydes caum: we hae spaed the faa
O the mongers, tho their grup wis never mair siccar.
We twa hae ventered fae oor saicret heiven,
An socht an apen heiven fir the fowk—
Throu touns whaur wark's ower lang, or else
        there's nane,

Throu vennels whaur the bairns ken nocht o schule,
Throu spitals ricklie as the thrang inby,
We set ti the darg wi the anerlie gear we brocht,
Wi Tristan's ballants an Isolde's balsam;
You sang ti heeze the dauntit fae defeat,
I ettled fir ti mak the lipper hale.

We were betraisit, taen, an riven apairt.

Throu the lang years I tholed your bannisment,
An my luve grew aa the mair;
Throu the lang years they telt me nocht o you,
Leevin or deid. I had nae veesitor there
Wha spak o ither nor Mark, that he'd gane gyte,
An cuidna lest. I wis left my lane, ontil
Ae nicht, a tread on the stair,
An the door unsneckt: it wis your Governal,
Wha aa thon time had speired me oot fir his maister;
The fly auld chiel had pawkied in wi my jylers,
Bantered an bevvied thaim fou. He brocht me faur,
An jyned his Tristan an Isolde baith
Here at the endless tryst o watter an scaur
In this oor hinmaist chaumer o luve an daith.

Tristan, I mynd you singin:
'Wha wadna dee fir sic a lass as this?'
I laucht as Governal said that it wis sae,
Tho, gin a body deed, his bed grew cauld;
Nae lass cuid ever het it up again.
Yit there's a luve that siccarlie growes caulder
Gin it canna rax ayont its guairdit garth;
We twa, we three, we cried ti be muckle mair.

Anerlie throu oor daith, cuid we win throu?
Oor faes wad thole nae consummation here:
They kent that throu oor daith, they'd haud their pouer;
We ken that throu oor daith, in time they'll loss it.
Oor faes held ti the hunt, an they hae felled us,
O Tristan, an nae mair sall we stravaig
The pad that tweests alang the tap o the craig,
Ti the tozie scent o the whin,
Ti the blaebell's swey i the sooch, ti the delicat veins
O the white sea-campion, ti the bluid an yowk
O the three-foil lotus; nae mair sall we anter ower
The follie waa that a laird biggit lang syne
Ti baur oot tinks; or the pletforms an pillars o stane
That never laird had biggit langer syne,
That the fires thrist frae ablow . . . Tristan, o Tristan,
Wha wadna dee fir sic a laund as this?
Wha wadna dee, an mair, ti save its fowk?

An nou oor wark is düne, tho yit ti dae
Bi aa that hear oor tale:
Nae yuise remains fir Tristan an Isolde.
Nou, my luve,
The lappin swaw comes lythe ti us upby,
As the nicht gangs doun ti hushie us fir aye.

Anerlie throu this daith, is oor luve eternal,
An fowk sall mynd o us;
Anerlie throu this daith, are we reborn.

NOTES

I became interested in the Tristan and Isolde legend via the nineteenth-century versions, above all that of Wagner, but also in its various manifestations in Victorian English poetry. I went on to acquaint myself with the earlier versions by Béroul and Gottfried von Strassburg.

William Archer relates how he came across Bernard Shaw, in the British Museum Reading Room, alternately reading Marx's Das Kapital *and the score of Wagner's* Tristan und Isolde. *These two works seemed to sum up contradictory preoccupations of the nineteenth century: on the one hand, critical commentary on the realities of the present; on the other, escape to the legends of the past.*

Perhaps: yet these two paths could somehow converge. In his Idylls of the King, *Alfred Tennyson used the Arthurian traditions as allegories for the condition of the Britain (specifically, the England) of his time, and his account of the Tristan and Isolde story is marked by Victorian sexual moralising at the expense of any tragic dimension, and lacks the compassion that the doomed lovers might otherwise attract. Matthew Arnold's 'Tristram and Iseult' (1852), is earlier than Tennyson's version by almost two decades, and strikes not so much a tragic as an elegiac note; today's readers are likely to overlook any contemporary social-moral criticism here in favour of the marvellous evocation of 'the ghostlike tapestry' with its 'stately hunstman' as the imagined witness of the 'lifeless lovers' in their chamber. It was a third Victorian poet, the verbosely-musical Algernon Swinburne, who came closest to a literary analogue with Wagner. His book-length version.* Tristram of Lyonesse *(1882) is self-consciously sensual in his account of the lovers' initial capitulation:*

44

Their Galahault was the cup, and she that mixed;
Nor other hand there needed, nor sweet speech
To lure their lips together; each on each
Hung with strange eyes and hovered as a bird
Wounded, and each mouth trembled for a word;
Their heads neared, and their hands were drawn in one,
And they saw dark, though still the unsunken sun
Far through fine rain shot fire into the south;
And their four lips became one burning mouth.

Elizabeth Barrett Browning's verse novel Aurora Leigh *(1856),*
however, is emphatically a 'social-problem' work and contains a
passage which is uncompromising in its call for poets to 'represent'
their own times and not to escape into mediaeval fantasies:

Their sole work is to represent the age,
Their age, not Charlemagne's,—this live, throbbing age,
That brawls, cheats, maddens, calculates, aspires,
And spends more passion, more heroic heat,
Betwixt the mirrors of its drawing-rooms,
Than Roland with his knights, at Roncesvalles.
To flinch from modern varnish, coat or flounce,
Cry out for togas and the picturesque,
Is fatal,—foolish too. King Arthur's self
Was commonplace to Lady Guenever;
And Camelot to minstrels seemed as flat,
As Fleet Street to our poets.

In principle, though, surely poets may (and will) resort to ancient
materials in order to represent their own contemporary scene by
oblique means. What is art if it isn't oblique?

My version transposes a westerly Celtic tale to the east coast of Scotland, and to Fife in particular. It was only after I wrote the poem (during the summer of 1987) that I discovered R.S. Loomis's The Development of Arthurian Romance *(1963) and his observation that Tristan's traditional birthplace is in Lothian, just across the Firth of Forth from Fife. I felt vindicated!*

Two extracts – 'swatches' – from 'Isolde's Luve-Daith' appeared in the broadsheet Clanjamfrie, *no. 3 (Summer / Autumn 1988); the complete poem was the title-piece of my pamphlet collection published by Akros ten years later. The composer Ronald Stevenson (1928-2015) made a setting of parts of the poem in his* Chorale Prelude & Fugue on Themes from Wagner *and* Chorale Postlude on Themes from Cornish Folksong, Wagner and von Bülow, *scored for organ, and for contralto and tenor with organ. This was premièred at the composer's 75th Birthday Recital at Greyfriars Kirk, Edinburgh, on 3 March 2003.*

Gaitherin 2

INVERKEITHING, 1952 –

My children mock my childhood photographs:
The drab album, my head curlier than now,
Arms waving monochromatically —
Background a blur of long-skirted motherfolk.
All tame, tame, yes; but this was after war
And much winter and whooping-cough to come,
Before we'd ever had it so good.

See me even then the voyager,
Pushing my empty buggy towards the docks;
But there, in the Foresters' Arms, the fatherfolk
                argue, shake hands,
As the wireless echoes waves of the world yet
                unbecalmed:
Myself outside, oblivious, omen-free.
Beyond the Firth, Attlee sinks before Churchill;
                flood and counterflood
In East Berlin, Korea, ebbing of blood —
The names and events always of somewhere else.
Running home from Sunday School on my
                sixth birthday
Ignorant of the swirling words of that world:
Eden's claim that 'we are not at war with Egypt,
We are in a state of armed conflict'; from the welter
Of berets, kiosks and tanks comes 'Hungary calling
                . . . Hungary calling . . .'

Saint Margaret shrined at Dunfermline, forby
                the Bruce;

King James, father of Mary, dead at Falkland;
Adam Smith kidnapped by gypsies, led from thence
By 'an invisible hand' to scribe new faith
— Plus red-faced reeling Andy with his tales,
Our local drunk,
Barred and unbarred, whom I was warned against:
We had our heroes and our counter-heroes.

My nineteen-fifties — 'Victorian'? So it seems.
Yet what remains of first-ever remembrance
Unretrospective, genuine, is just this:
The Forth Bridge. Greenish clothes-poles.
              Mother's kiss.
All else serves but to enhance
A conspiracy of cameras and dreams.

FIFE CHILD IN THE FIFTIES

They've long demolished the side-street by the Links
That set me journeying when I was six or so:
In my grandmother's room I sensed the East —
Willow-pattern tea-chest, ottoman, divan, I know

As concepts now, mere concepts. Then, I gasped
At the elephant knick-knack carried from Ceylon
By her brother. From her window to the Forth
I saw Pacific islets, sunset deepening on

Silhouettes of palms. Later, I lifted the mask
To a scene of funeral pyre, volcanic pit:
The gong of a metal tub filled for my granddad
Black from the back-shift, coal-dust in his spit.

GRANDMOTHER'S WARTIME SONG

The shirt that hung in our backyard
        Now covers the ragman's arse —
She told me of once canvas times,
        How colour was sparse,

And all embroideries of her folk
        Wove into piety;
Her mother's sampler: name, and text,
        Date, eighteen-eighty.

It hung beside her father's portrait
        In the alcove:
His coastguard's uniform, proud, trim,
        From their days at Dunnycove.

Her birth there: nineteen-oh-two,
        These islands' seas
Her childhood knew. On sepia prints
        Her hair's stirred by the breeze,

In years before what stirred yet more —
        Her brothers with their kit,
Their postcards home; a poem copied;
        Another flit —

To Scotland, then the miner lad
        Who came round to call:
Their daughters, whom she dressed alike,
        Sharing one doll —

Good cloth adorns the grey street-folk:
　　　　　It serves as sign and source
Of those who'd be respectable
　　　　　But byde a wee bit coarse.

She'd stop me clartin' in the sink,
　　　　　Then tell me she was thinkin'
That lank-jawed neighbour at his window
　　　　　'Resembled Abr'am Lincoln.'

She railed at granddad for to mind
　　　　　What he'd himself believe
— He came here like a gentleman
　　　　　And that was how he'd leave.

The sark that hung in oor backyaird
　　　　　Nou covers the ragman's erse.
That's gran: all Yorkshire-Fifish.
　　　　　Mischievous. Terse.

AMADAN NAOMH

'It beats my auntie Lizzie-o'
Robert Garioch, 'The Caledonian Antisyzygy'

A wee-bit wumman she was,
        Puffing Irishly
On the merest smitch of a fag,
        Great-aunt Lizzie.

One of a series of sisters
        Who spoke kindly to me:
Intent and vague and funny,
        Puttering mutteringly:

When she served cabons in a bag,
        Her tongue would weirdly dance
As she counted at the till,
        And our customers looked askance:

Poor parished Lizzie
        Never went far:
We'd take her for an outing,
        She'd be sick in the car.

And that ordeal of the train
        To the city hospital
For her brother . . . When he died
        She arranged the Vigil,

Though my grandfather's faith
             Was a redder shade of green,
She was proud of his speeches,
             Of the tribune he'd been.

The Glenrothes *chaipel*
             Was her vocation:
That priests and people
             Find salvation

Depends upon the ministry
             Of such a one.
Folk called her Martyr of St Paul's,
             Civilian nun,

Or just donnert auld maid
             With her rosaries and missals,
A child of the shamrock
             Lost among the thistles.

Years after her death
             I met in Tweeddale Court
Rhyming Brian McCleery:
             You'll know the sort,

Banned from every pub
             In our county,
Self-exiled to the
             Scottish Poetry Library,

'Tam, I knew yer aunt
         — I'm no borin ye?
When I first came fae the West,
         She wis a mother ti me.

'She had that way wi her
         That has nae need fir naggin:
A look fae her tired eyes
         Wad pit me on the wagon.

'I mynd o Faither Flynn
         In his presbytery,
Where Lizzie fussed ower this and that,
         And spoke kindly ti me —

'God rest the soul
         o that dear Faither Flynn,
But I'd raither confess ti Lizzie
         Than ever confess ti him.'

THE GOTH, BOWHILL

. . . and you're the stranger, stooped there in the
          corner
With your pint and your backpack after the
          Friday hike,
Gey wabbit-like, from the burnside at Kinglassie:
An open shirt and the late summer rays,
Expanse of Fife — West Lomond and Benarty,
Loch Leven's sliver of sheen between these uplands,
The breeze upon former fields become fields again.
You look out and up: these miles, you still can
          do them,
Though you age with these guys foregaithered
          at the bar —
Grandfathers some of them, nae doot. Your folk.

Your folk, but you're the stranger:
Like being Irish, yet not so, in Ireland.

'The reception of Walter Scott's poetry in Europe'.
That's been your work of the week, and grounds
          for escape.
Escape? Joukin oot? Nae chance.
Each step you'll take from now crosses a frontier,
Not nations as before, but all within —
Too many ghosts, this country's and your own:
A solidarity you'll feel alone.

A cough from a distant snug,
Where the rays fade out in a dance of dust.
Each particle's a sorry courtier

Of Fife's regretted tyrant, Old King Coal.
A cough — and then silence —
As an octogenarian looks through the dark afar,
Cut off alike from you and thae boys at the bar.

'Come on, guidfaither, times we wis gettin hame.'

Glory be to Gothenburg and the labourers of
            the north,
Thon huddlin-thegither for warmth in a hard place,
The unasked-for and unexpected kindlinesses,
The dour banter delivered with unrecorded grace.

The comrades have departed
            From Gagarin Way,
And Scotland's intellectuals
            Have nothing more to say.

Whaur's the bonnie reid dawn?
            Krassivy, krassivy:
Hit's aa wede awaa
            With our post-identity.

So we all buggered off
            When we saw how things were leaning:
'We left the ruins standing
            But drained them of all meaning.'

The douce ex-leftie
            With well-rubbed belly
Parades his virtue
            All night on telly,

Eminently marketable
       North Brit.
Dear Scotland:
       Do you give a shit?

O mily moï,
       O mealy-mou,
With your pundits arranged
       Like prunes in a pew.

Big Brother and *The Weakest Link* on the screen above,
As if Stalin and Darwin vie for attention.
Decades flickering back, who'd see their fathers
And even themselves, upby, on marches
       and picket-lines?
Indomitable Fifers still show it's possible
To order a pint and a nip uttering only one syllable;
But the old man, he says nothing at all, just puffs
His imaginary pipe; a whiff from the gents,
His own fingers dissecting a sodden beer-mat,
Can't get in the way of his reverie —
The big bands in the ice rink,
Lassies falling lighter on his stomach
Than many a post-war fish supper. —
His ain young anes
Jiggin and winchin on a Setterday nicht,
The last bus hame frae the Kinema ballroom.
       — Bairns,
And their bairns' bairns.

– So you think he's thinking
As his last pint (and yours) are flatly sinking.

Come on, auld fella, times we wis baith fir hame.

What of your inner cadences? Just hope
 For 'the reception of Scott's poetry in Europe'.

RETURN

*George Leslie Hunter, 1877-1931, the Scottish Colourist,
who worked in America and France; back in Scotland, he
produced several Fife landscapes.*

A fella must get out
   To feed his soul and his art,
For California knockabout
   With Jack London and Bret Harte,

And then to seek anew
   Angle, colour and light
Of a Provençal view
   Glowing into the night,

But also to taste
   Nearer serenities,
With an easel placed
   By a kirk in Ceres;

By Largo sands,
   Its legend-haunted rocks;
After many lands,
   Ecstasies, shocks,

To a Fife village pond,
   To red-roofed cottage rows:
Of what stirs beyond
   Nothing here shows.

A FALKLAND SUITE

On features of the Falkland Estate, Fife, and its vicinity; for Kenny Munro and all at the Centre for Stewardship and Living Lomonds

1. THE PILLARS O HERCULES

(for inscriptioun thereon)

Folks thocht him an uncouth Greek immigrant,
       A hairy hunk, wi his ginormous club
As thick 's himsel: a manky miscreant
       Wha'd shairly cause some rammy in the pub.

Insteid, he'd fetch doun aipples for the weans;
       Muck reekin byres; wis gentle ti the deer;
Sae, stranger, mynd o Herc at these his stanes,
       And mak yer new beginnins frae richt here.

2. STANES

(The 'talkin stanes', inscribed in Scots, on a dyke by a path in the Falkland Estate)

The bauld Scots words
       Accompany your walk:
Crisp-cut and sculptural –
       Silent? – They're stanes that talk.

The words o oor Fife folk
       Cuid past and future link,
Gin that we cherish thaim.
       Stanes dumb? – They're stanes that think.

3. THE WITCHES' CAVE

It's like a giant oyster shell,
Erupted suddenly from Hell:
Here lived three sisters, skinny, scary –
Aggie, Senga, Hairy Mary.

They'd brew their weird ingredients,
These hags, huddled on this stone bench:
Now families – Mum, Dad, Bairn, Auld-Yin
May picnic here! (Bring Yer Ain Cauldron.)

4. THE YAD

(The most dramatic cascade in the Falkland Estate)

Long I've stravaiged by Carolina crag-face,
    Where the Cherokee, on panoramic plinth,
Hailed the Great Spirit. I catch an echo here,
    With thread of water through Lomond labyrinth,

Entering the eldritch cavern under Yad-fall,
    Fife's Looking-Glass Rock. Friends: for our after-kin
This scene's ancestral, ever. Lowping each stone,
    This creek chants that to end, is to begin.

5. THE TEMPLE OF DECISION

That tumbled folly's beckoning –
    Yet brambles obscure the track:
Ditches and mud. We're reckoning
    It's wiser to turn back.

But with courage and precision
    (Or so it would appear?)
We reach THE TEMPLE OF DECISION!
    (Now where do we go from here?)

6. CRAIGMEAD CARNIVAL
(The annual ritual involving parents, bairns and painted eggs)

At Easter, this neuk between the hills
        Welcomed faces drawn on shells:
Now they're whites or yellows, and tumbled shards
        Of eggy kaleidoscopes.

These were pirates with fearsome teeth and beards,
        Demons with fiery nostrils,
Grinning misers: all masks, all false, left to smash
        At the foot of those grassy slopes.

NOTES

For unfamiliar words and short phrases, please refer to the Glossary / Wordleet at the end of the book.

'Amadan Naomh': my grandfather Tom Hubbard was MP (Labour) for Kirkcaldy Burghs from 1944 to 1959 and was a native of Cork. His sister, my great-aunt Lizzie, was born after the family's move to Scotland, but she made a point of keeping in touch with the relatives back in Ireland. She served as housekeeper to the presbytery of St Paul's RC Church in Glenrothes.

'The Goth, Bowhill': the lines 'We left the ruins standing / But drained them of all meaning' are an echo of Kierkegaard, writing on the 'present age' in 1848! Big Brother and The Weakest Link: TV shows emanating from London.

'A Falkland Suite': 'The Pillars of Hercules': you won't find any actual pillars as such at this north-western corner of the Falkland Estate, but let's imagine that pillars are dramatically there. What you will find, though, are a number of ecological ventures, including organic farming and a related restaurant / café / sales outlet for foodstuffs.

'Inverkeithing 1952-', 'Grandmother's Wartime Song', 'Amadan Naomh' and 'The Goth, Bowhill' appeared in my collection Peacocks and Squirrels (Akros 2007); 'Grandmother's Wartime Song' was first published in Cyphers magazine (Dublin), no. 64 (2007). 'Fife Child of the Fifties' was a Scottish Arts Council Poem of the Month in 2001; its first print publication was in my pamphlet collection The Nyaff (Windfall Books, 2012).

'The Return' and 'A Falkland Suite' are published here for the first time, with the exception of 'The Pillars of Hercules' which appeared in the PDF Resource Pack anthology, Journeys into the Literary Landscape, edited by Tara O'Leary et al (Falkland: Centre for Stewardship, 2013).

The Tale

UNCLE NICK[1]

For a guid few year nou, I hinna seen or heard tell o my uncle Nick. It is pairt o my job ti snowk things oot that are hidden, and I'm bleck affrontit that I've failed owre him. But there's mair ti it nor that. I wis aye kinna taen wi the auld yin. O coorse, he wisna really my 'uncle' as sic, but in a wey he seemed mair like a faither. When my ain faither wis on the shift it wis aye Nick's breeks that hung up in my mither's room. There wis aye a glower in my mither's een when she looked doun at my faither. There wis aye a glow in my mither's een when she looked up at Nick.

Yit when ye come doun ti it, I canna say that Nick an me were aa that close. As he wis gettin on I saw less an less o him. Ye wadna meet him at the same baurs ony mair. They'd got owre plasticky, he said: 'ERSATZ.' It wis funny ti hear him yaisin that word ERSATZ. It's no common here in Dunkellie. Nick said he picked it up durin the war. There were a lot o things he'd picked up durin the war. ERSATZ wis ane o the mair hermless. 'It's the ECHT ye've got ti bewaur o, son,' he'd say, 'the ECHT. Tak tent o the bluidy ECHT, freend.' This wi a smile that went keen ti yer banes, ye cuidna tell hou. He wis a philosophical kinna chiel, my Uncle Nick.

As for me, I'm a features writer on the *New Scot*. It's like I'm teeterin on a fence atween ignorance an intellect, an I hae ti tak care no ti faa owre kenspeckle inti either. (Especially the latter).

There wis the time I hadna seen him for days on end, an I wis gettin gey worrit. When ye've been awa fae it for a while there's pairts o Dunkellie that ye forget, gif ye ever really

---

[1] *'Uncle Nick' appeared in the magazine* Scots Glasnost, *no. X [i.e. 10] (June 1994).*

wantit ti ken thaim in the first place. I'd heard tell he wis seen aroun the Nethergate. That wis ane o the toughest pairts o the toun. It wisna the place ti gang yer lane at nicht, faur less if ye were an auld man like Nick.

An hou the hell did ye get there? I mean, I'd been in Edinburrie an Gleskie that lang. I didna hae a map. In Dunkellie ask onybody directions, at best they'd juist stare at ye. Ask onything mair, they'd aiblins pit the boot in.

Weill, I fortified mysel in the Station Hotel, but afore settin oot I thocht o hou lang it micht be til my mither wis deid an I cuid get the hell back ti Gleskie. Mind, I felt guilty ti think like that, but let's face it, whit wis there for somebody like me in Dunkellie? Auld schuilmates that had gane their ain weys? Na, juist my mither, and Uncle Nick.

My mither saw precious little o Uncle Nick in thae latter days. I suppose they'd got like an auld mairrit couple an hadna got onythin mair ti say ti ilk ither. I kent that owre the years Nick had his various creature comforts forby my mither. No that I mindit. That wis juist Nick. Onywey, there wis this nicht he suddenly rings us fae a call-box. Tells us hou ti get ti this howff doun wan o the closes o the, richt eneuch, Nethergate. I cuidna tak it aa in, I wis that taen aback, and I speired him ti repeat the directions. He hadna got faur when the pips went an we were cut aff.

An me that, aa my warkin life, has had ti act quick on things that happen in a blink, that has ti pick up information pronto, that is e'en less blate ti find an unfamiliar hostelry – weill, that's fine in Edinburrie an Gleskie, but Dunkellie, it's different, an I'm different mysel when I'm in it. Weill, I'm makkin my wey ti the Nethergate, or thinkin I am. The toun's lichts get fewer an fewer, e'en alang aa thae nerra vennels. Whit for did they no knock doun the hale bluidy area in the sixties? Aiblins they forgot aa aboot it. Aiblins they wantit ti forget aa aboot it. Sae I'm doun Christie's Steps, zigzaggin throu Fairyhall Gairdens – some gairdens, an thon's no fairies wi their alsatians an rottweilers – then up Kirk Brae, back somehou inti anither patch o middens an dubs, an there I am again at the tap o Christie's Steps.

An oor later, bi some miracle, I'm in the Nethergate, on the look-oot for nummer 35. That's Deacon's Coort. I can scarce mak oot the sign, but I feel my wey throu the close, an there's the yaird. The site o the auld lazaretto on the richt. Nick's howff on the left. A richt foosty place, dour looks fae the few that are there, huddilt owre their nips o guidness kens whit. The baurman's a zombie.

Up some steps, in a neuk, aa his lane, is the great man himsel. Uncle Nick. 'Ye auld bugger! Ah've had some trail, sir.' He feenished aff the last drap in his gless. 'Ye've no had the trails Ah've had in my time', says he in that gurly voice. 'Nou ye're here ye can be on the bell.' At that he spat inti the sawdust. The spit wis aa bleck, but o coorse that's no unyaisual fae an auld man in Dunkellie. Wi Nick, though, süne's his spit hit the flair, it effervesced, frothed, seemed ti rise up at ye. Fact, it wis like that lemonade pooder I yaised ti get as a lawdie, when there wis mair fun at watchin it bubble wi yer spit than actually drinkin the stuff. Gif there'd ever been liquorice flavour, ye'd never hae telt the differ atween that an Uncle Nick's spit.

I bocht Nick his nip, a malt since I hadna seen him for a while.'Ye dinna desairve it, sir.' Him: 'Dae I no? It's the comfort o the weary traiveller.' Me: 'Maist o the traivellin you've done is fae wan howff ti anither an fae wan wumman ti anither!' Him: 'Cuid ye no pit it a wee bit mair elegant-like? For me, it is mair like lurchin fae the Temple o Bacchus

71

ti the Temple o Venus, or vice versa.' I saw heids turnin near the baur. Nick's wey o expressin himsel isna aa that common in Dunkellie.

'But there is mair ti it than that,' he went on ... but I interruptit: 'Is it thon dodgy business o yours?' Nae awnswer. Me again: 'Aye, ye aye keep quiet aboot that. Is the law on ti ye?' Him: 'There's aye been some law or ither on ti me.' This wi a fly grin. Aa I'd ever been able ti gaither aboot his ventures were that they involved buyin certain goods, but whitever they were, he never tried ti sell thaim ti me. Aa his time doun the pit, he aye had some racket gaun. He had buggeraa ti show for it, though. I thocht he cuid hae taen his dram in a posh hotel raither nor the dump we were in nou. It had occurred ti me that Nick micht leave me a cut o whitever he had stashed awa, tho when I contemplatit the possible number o his ither 'nephews', I wisna coontin on onythin like a big win on the pools. Still, ye never ken! 'Here, Nick, ye're sittin up here, in yer ain bit neuk, an ye can look doun at aa thae boys near the baur. Then ye come oot wi aa that fancy talk aboot temples an that. Ye're juist like a lord, sir.'

Nick looks at me, an these wee een o his are shootin somethin inti my heid. Thank Christ, he hisna aften looked at me like that.

'I wis.'

'Eh ?'

'Ay, I wis. I wis a lord.'

'Eh?'

'Ay, I'm tellin ye. Dinna pit it in yer paper, tho.' 'I've got better things ti dae than pit your havers in the paper. Here, I'll get ye anither, that'll shut ye up for a while! —'

'Never mind that.' He grabbed my airm as I wis aboot ti mak fir the baur. Nick refusin a drink! He went for somethin in his coat pocket and slapped it on the table.

'Nou look at thaim.' I picked up a tatty auld envelope, frayed at the edges, that looked as gif it had lang an desperately ettled ti keep its contents thegither. As I extractit a pile o photies, the envelope disintegratit, giein aff a pooder that fair daunced abüne the table. Ye cuid see this pooder clearly in spite o the thick reek o the howff. Each speck seemed alive.

I saw a bleck-an-white picter o a castle an its gairdens, flanked bi firs that streetched back ti a misty horizon. Ye cuid juist mak oot the hills. The architecture an the landscape looked sort o central European. Anither photie showed a young lassie, aa crinoline an parasol, airm-in-airm wi a tall, guid-lookin fella. She seemed ti be lauchin at somethin he wis sayin. There wis somethin in the glint o his ee an the turn o his mou. I cuid suss that they were somehou in the gairdens o the previous photie. Then I sussed somethin else.

'Na, it canna be.'

'But it is. That is ECHT aa richt, Ah'm tellin ye. An this is even mair ECHT, comin up.' Bi yaisin ane o his favourite catchwords in this wey, Nick seemed ti be takkin the piss oot o himsel. He wis jabbin his finger on mair o the photies. There were views o monumental buildins in some muckle toun like Berlin or Vienna, wide boulevards wi processions, some o which were o imperial high heidyins in cairriages, ithers o warkin folk wi their banners. Then the photies tuik us in turn fae there doun backstreets that got mair an mair nerra. No entirely unlike my route ti the Nethergate, though this time I had company. It wis like Nick wis conductin me throu this maze that got mair an mair mirk. We were doun steps and inti cellars. I hadna had muckle ti drink but my heid wis feelin licht, my sicht an hearin didna belang ti me. Finally I wis confrontit wi a picter of the young fella o the castle gairden, or wis it Nick, or baith? He wis in some den, face an duds aa bleckened wi a thrang o young men an women aroun him, pretty much in the same state. There were buiks an bottles, an a fire bleezin awa in the corner. Spite o the fire, it wis gey mirk, like oor howff aff the Nethergate, but mair sae; deed ay.

I lookit ti Nick for an explanation, gif sic there cuid be. 'Behaud there yer auld freend as he wis lang syne, popularly cried Baron Niklaus o the Niedergasse, lest o an auld race an first o a new. That wisna his first title, but he tint aa ithers. Onywey, he likit that ane fine; then he gaed on ti collect mair names, ane efter the ither, an ends up here as yer Uncle Nick. Ye suid hae seen Niedergasse Nick lowp upon a table, heezin his tankard ti the fore; a sonsie quean wad süne be up aside him, an the pair wad dirl inti a ballant an a great deal mair forby. Somebody wad produce torches, somebody else a fiddle; anither wad dive inti a tapestry o cobwabs an pou oot mair bottles. Ye'd feel thon flair, that aince wis as cauld as daith, tak yer heat inti its stanes an shoot it back inti ye, electric-like; the airches an vaults wad quake; tak the maist borin poultice o a fellae there, or e'en the holiest Wullie, I'd hae him up there, settin up the stour. But it wis the weemen had the maist speerit, wi their furiants an their randy sangs; they werena the sort ti mind the mixter-maxter o the place, o the folk, and o the ither craiturs that were there. Nae thaim, an nae me! That wis oor life, there amang the horniegolochs an the houghmagandie!' He lookit at me an roond aboot. 'It wisna like this place. Ah'll tell ye that for nuthin. Weill, ye see, ma faither, he had thon castle, richt? An the lassie wis his ward. Sae the auld fellae, I'd been giein him trouble for some while, he chucks me oot for bein a Red. Forby, he didna like the wey things were developin atween me an the lassie. Whit ye've got ti unnerstaund, son, is that Schloss Schottenburg wis deid, bluidy deid, and aa its launds aroond. The spires o the castle an o its touns an cities, the spikes on the helmets o the sodgers in every street an square, it wis like oor young folk were impaled on thaim, an the bluid wis dreep, dreepin oot on the causey-stanes.

'There wis a war, an the young folk tint their bluid shair eneuch; there wis a peace, an the young an the auld near tint their speerit. I wis there, i the glaur o the battle an wi the queues in the streets. They didna aye see me, but they heard my lauch: e'en gif they did see me, they wadna turn on me, but lauch theirsels. There wisna a cabaret in some city dive but I wis up there wi the performers, steirin thaim ti the utmaist tang o horror an humour melled thegither. The folk cuid see the ECHT aa richt, unner the pompous, fou-breekit spiel o the high heidyins; ay, but they didna see it weill *enough*.

'Süne there were thae muckle parades, wi uniforms an banners, an the folk went gyte owre a bunch o wee nyaffs that gat up an bummed on aboot whit great folk they aa were, they werena gonny let ithers trample aa owre thaim, were they? They suid aa rise up an shak a great muckle nieve at the warld, and a deal mair forby – Weill there wis nae role for me there; naebody cuid lauch ony mair, they were that taen up wi their new craze. There wis anither war, and I cam owre ti Dunkellie and its pits and your mither and this shoogly table that taks mair o a body's pint than finds its wey inti his mou.'

At that, Uncle Nick raises his gless, no e'en lookin at me; he seemed ti hae growed younger as he spoke, an there wis a freshness aboot him nou; I'd lang thocht o him as bent-owre, e'en a bit humphy-backit, but gif he'd stood up at that moment, I cuid weill believe he'd be straicht an handsome, the ee glintin, the mou curved up, juist like his photie at the Schloss Schottenburg. I had ti gang ti the gents, and as I wis lookin at mysel in the mirror, I thocht o hou the years had made me peelie-wallie, bags under my e'en ye cuid cairry your messages in. There were lips that didna aften lauch, nor kiss, but girned muckle; teeth stained wi nicotine; the hale face a testament o somebody that believed in naethin an cared aboot less.

I saw mair o Uncle Nick efter that, aye at his table i the Nethergate; I kent fine that his tales were an auld man's blethers, but thae days, you've a choice o worse entertainment. Forby, twa things intrigued me: hou there wis mair virr in his face an corp ilka time I saw him; hou he aye kept total seelence on his business deals. In the past, you'd catch the odd hint fae him, tantalisin-like; nou, ye didna e'en get that.

Sae it seemed a breakthrough when he suggestit a new meetin-place. The Nethergate cramps his style, I thocht. But whit he had in mind wis a turn o hill-walkin. Hill-walkin! He's gaun ga-ga, I thinks ti mysel; still, I've never been ane for exercise, and it micht be juist whit I wis needin, naethin wrang wi a bit o the byordnar nou an then.

As arranged, I met him at the entrance ti the auld Balmurdie estate. Hou he'd got there I dinna ken, he'd nae caur, the buses dinna pass that wey ony mair, an he'd refused a lift fae me. Sae he must hae düne a fair bit on the hoof aareadies. I'd hae ti insist on him comin back in the caur wi me efter.

He concedit this much: he cam in aside me an directit me alang the twisty road ti the reservoir. I parked there, we got oot, it wis a gey wanchancy sort o place. Nick, though, he wis fair taen wi it; I'd never seen him sae impressed, or sae impressive; he scanned the fields an touns we'd left behind, filled his lungs in a kinna ecstasy.

He gestured the wey ti a great muckle cone in the distance, the heichest pynt o the coonty: Fifiepapple, as we cry it locally. I speir him: 'Up there?' Sae aff we go, athort the muir, me trauchlin awa an him fair springin, as gif he were a young lawdie an the stiff heather wis streetched oot as an enormous trampoline.

We cam ti the edge o a wuid an there were styles an fences ti negotiate. They didna bother Nick. The path through the wuid got rocher an rocher. Several times I slipped inti the burns. Nick, though, it minds him o his auld Germany, o the Harz moontains, o the Brocken; he blethers on aboot the weemen-freends he trystit wi up there, when he had a taste for the 'mature types', Me, I'm juist pechin: the anerlie bodily pleisure I can think o is a warm bath.

It wis steep, sir, steep ti the tap o the pappie. Yit aa owre this dreich ridge were the sites associatit wi prehistoric folk, Pechts, Romans, Celts – you name it. In the near distance ye cuid even mak oot some sinister-lookin gully, wi ootcrops o rock, trees whistlin an tiltin in the wind, an the waas o a fermbiggin that hadna been in yaise for at least forty year. On Fifiepappie Uncle Nick wis a lord again, it seemed; he maun hae been like that on the battlements o Schloss Schottenburg, his velvet cape flappin – insteid o an auld greasy coat wi the linin in shreds. Yit there wis a doolie look on his face as he surveyed maist o east central Scotland, an then gazed up ti the grey lift: whit cuid he spy there? Wis there some silent speirin fae himsel, an nae awnswer fae abüne?

I wondered then gif he thocht o the faither that had kest him oot, an his subsequent stravaigins aa owre Europe, aa the time geckin at whit maist folk hae taen owre seriously for their ain guid.

I wondered, tae, at his words on that ben that few visited, though the view wis rare – the Sidlaws raxin ti the north, a rail brig like a caterpillar swimmin across the Tay; the turn o your heid a few degrees, an there's Arthur's Sait an the Pentlands through a haar fae the Forth.

'My business is nae mair, lawdie', he says ti me. 'I'm düne. Ye canna get the goods thae days. When aabody's a mairchant nou, whit's the yaise o your Uncle Nick? There's nae caa fir whit I dealt in; I've lost hert. Whaur's the style? whaur's the substance? It's nae real, freend, it's nae ECHT.'

The youth had gane fae him, he wis the decrepit auld chancer again. I turned awa, feelin that I mysel had failed him in some wey. The grund stertit ti shak aneth me, but I thocht that wis the winds, fae aa airts, makkin me swey on my feet. I cuidna accoont for thae puffs o smoke, though. When lookit aroond, my Uncle Nick wis gane. There wis a burnt patch aside the cairn, whase stanes were seeminly undisturbed.

I bydit a while, snell tho it wis up there, then it grew mirk. I made that lang, lane wey back ti the caur, wi aa sorts o unco thochts I'd be sweir ti think again.

Since then, neither at the Nethergate nor onywhaur else, hae I ever seen my Uncle Nick. Aiblins I suid prent his story efter aa; publish, they say, an be damned.

Glossary / Wordleet

GLOSSARY / WORDLEET

A

aa–all
aabody – everybody
ablow – below
abüne – above
ae – one
aff – off
afore – before
aiblins – perhaps, maybe
ain – own
aince – once
aipples – apples
airliest – earliest, first
airt – (1) direction; (2) place, district, region
aish-midden – ash–heap
aith – oath
alang – along
amadan naomh (Gaelic) – holy fool (Russian equivalent: *yurodivy*)
an – and
anerlie – only
anes – ones
anter – to adventure
apen – open

auld – old
auld-farrant – old-fashioned
auld-warld – old-world
auldyins – old folk
ava – at all
awa – away
aye – still, always, forever
aye-retourin – ever-returning
ayont – beyond

B

backyaird – backyard
bahookie – backside, bum
bairns – children
baith – both
ballant(s) – ballad(s)
bampot (spelt bampôt in the text) – a daft guy, with affectionate overtones in this particular context, but not all bampots are viewed benignly.
bane(s) – bones
banketin-buird – banqueting–table
bannisment – banishment
bauld – bold
baulm – balm
baur – (1) except, bar; (2) bar in a pub
betraisit – betrayed
bevvied thaim fou – got them drunk
bevvy – drink
bi – by
bien bield – comfortable shelter
biggit – built
birkie – spirited, lively

birks – birches

blate – backward, slow in action

bleck – black

bleckened – blackened

bleeze the bluid – fire the blood

blinly – blindly

blootered – drunk

bluid – blood

blüme – bloom

blytheheid – happiness

bogles – ugly ghosts

bother (verb) – to tease, to wind up

bour – bower

braken – broken

breeks – trousers (US pants)

breengin – rushing

brek-up – break–up

brocht – brought

brou – brow

buik(s) – book(s)

burnist – burnished

burnside – the bank of a small river / stream

bus-pass – card entitling over-60s to free bus travel

byde(s) – stay(s), remain(s), wait(s)

bydit – waited

byordnar – extraordinary, unusual, not routine

C

caa – call

cabons – rolls, soft in texture, sold in Fife bakeries and grocery stores

caif – cave

cairn – pile of stones (often an informal memorial or other marker, sometimes on the summit of a hill)

canna / cannae – cannot

cauld – cold

caum – calm

caum doun – calm down

caunopies – canopies

caup – cup

causey-stanes – cobbles

certes – certainly, assuredly

chaipel – Roman Catholic church (chapel)

chaumer – chamber

chaunce – chance

cheenge – change

chiel – person, fellow, guy

chowin – chewing

chute – kids' slide, as in a playground

clammered – clambered

clarsach – harp

clart – dirt

clintie bield – stony shelter

cloot – hoof

collogued – conspired

convoyit – conveyed, convoyed

coorse – coarse

coort – court

cooser – horse (courser)

couried – snuggled, nestled

craig – rock

craiturs / craturs – creatures

cried – called

cuddy – horse
cuid – could
cuidna – couldn't
cushle-mushle o scowks – a whispering group of sneaks

D

dae – do
daffs – daffodils
daise – rot, decay
daith – death
darg – job, task
daunered – dandered, strolled, sauntered
daunerin – dandering, strolling, sauntering
daurk – dark
dee – die
defait – defeat
deid – dead
deil – devil
dells – digs, delves
denner – dinner
dentie – dainty
didna – didn't
dingin – struck (dingin doun – struck down)
dinna / dinnae – don't
disays – disease
dishauntit – deserted
dochter – daughter
donnert – stupid, confused
doolie – grimly sad
doo's–neck – dove's neck
doot – doubt
douce – prim, respectable, neat, over-refined, genteel

doun – down
dovin – dozing, sleeping
dreich – dreamy
dreidit – feared
drookit – soaked
drow – drizzle, cold mist
dub(s) – puddle(s)
duds – clothes
duis – does
dun – fortress
düne – done
dwallin – dwelling
dwam – trance
dwyne – fade, decline, evaporate

E

echt (German) – real
Edinburry – Edinburgh (Fife pronunciation)
een – eyes
efter – after
efterkin – descendants
eik – add
eldritch – uncanny, unearthly, weird
eneuch – enough
ersatz (German) – phoney
erse – arse
ettle(d) – aim(ed), attempt(ed)
evermair – evermore
eydent – diligent

F

faa – fall
faan – fallen
faddoms – fathoms
fae – from
faes – foes
faither – father
fancy–bit – illicit lover
fankle – tangle
farin – meal
fash – tumult
faur – far
faurer – further
feart – afraid
fecht – fight
feck, the – the majority, most of it or them
fere – comrade, mate
ferlie(s) – (n.) marvel(s), wonder(s); (adj.) marvellous, strange, wonderful
feshed – fetched, nurtured, advanced
flair – floor
flaired – floored
flechitorium – flea-pit; run-down, infested cinema
flech(s) – flea(s)
fleggin – frightening
fly (adjective) – crafty, sly: a characteristic of many, if not quite most, Fifers
follaed – followed
follaes – follows
follie – folly, i.e. an eccentric, useless building
foosty – mouldy

forby – as well
forefolk – ancestors
foregaither – meet (foregather)
fou – drunk
foundert – felled, struck down
fowerty – forty
fowk – people
fozie – rotten, soft, spongy
frae – from
frien – friend
fund – found
furthieness – frankness, friendliness, generous-spiritedness
fush – fish
fushionless – insipid, lacking in spirit

G

gaed – went
gairden – garden
gaitherins – gatherings
gallus – bold, mischievous, irreverent
gane gyte – gone mad, crazy
gang – go
gars – forces, causes, makes
gaun – gone, become
gear – equipment
geckin at – mocking
gey – very
ghaist-hauntit – ghost-haunted
ghaists – ghosts
gien – gave
gien ower – given up
gif – if

gin – (1) if; (2) against

ginormous – comic conflation of gigantic and enormous

girn(ed) – grimace(d), complain(ed), sneer(ed)

glaumourie – power to charm

Glescae, Gleskie – Glasgow

gless – glass

gloamin – dusk, twilight

Goad – God

Goth(enburg) – A 'Goth' was a type of pub set up in Scotland's coal towns; the profits were used to provide amenities (e.g. libraries) for the local community. The system was pioneered towards the end of the nineteenth century in the Swedish city of Gothenburg / Göteborg.

gowd – gold

greet – cry, weep, lament

gress – grass

groond – ground

growe(s) – grow(s)

growthieness – abundance

grund – ground

grup – grip

guairdit garth – guarded garden

guid – good

guidfaither – father-in-law

guidman – husband

gyte – mad, crazy

H

haa – hall

haar – thick mist, fog, on and near the east coast of Scotland, especially Fife

hae – have

hairb – herb

hairth – hearth

haly – holy

hame – home

haud – hold

hauf – half

haurd – hard

haurd-heidit – hard–headed

havers – nonsense, blethers

heeze – raise

heids – heads

heidyins, high – head ones, powerful people, potentates

heired – inherited

heiven – heaven

herbour–waa – harbour-wall

hersel – herself

hert – heart

het – hot, warm, comfortable; to heat

highheidyins – *see above:* heidyins, high

hinmaist – last

hinna – haven't

hit's – it's

hochle – hobble, walk clumsily

holiest Wullie – sanctimonious, self-righteous person (see Burns's 'Holy Willie's Prayer')

hoose – house

horniegolochs – earwigs

houghmagandie – fornication

howe – hollow

howff – pub (can also mean graveyard)

howked – dug (out)

howkit – *as above*
huddlin–thegither – huddling together
humphy-backit – hunchbacked
hushie – lull to sleep
hyter – stumble

I

i – in
ilk / ilka – each, every
ilka body – everybody
inby – within (stressed on the second syllable: – by)
in's – in his
intil – into
ither – other

J

jiggin – dancing
joukin oot – escaping, dodging, ducking out
juggs – instrument of imprisonment (iron collar round neck,
          attached by chain to wall or post)
juist – just
jylers – jailors
jyned – joined
jyne(s) – join(s)
jynin – joining

K

ken(s) – know(s)
kenspeckle – conspicuous(ly)
kent – knew

kinks – zig–zags, bends
kinna – kind of
kinrik – kingdom
kist – chest
krassivy (Russian) – red, bright, fine, revolutionary
kye – cows

L

lair – grave
laird – lord, landowner, master
lane – lone, alone (his lane – in his loneliness)
lanely – lonely
lang – (1) long; (2) along
lang–voued – long-vowed
lauch(ed) – laugh(ed)
lauchin – laughing
laucht – laughed
laud – lad
laund – land
law (as in Norrie's Law) – hill
lawdie – laddie
leam(s) – gleam(s)
lear – learning, skill
learns – teaches
leddery – leathery
leddies – ladies
leddy–friens – lady-friends
leeve – live
leevin – living
lest – last
leuk(ed) – look(ed)
licht – light

lichtit – lighted
lift – sky
lig(s) – lie(s)
lipper – leper
loun – lad, young fellow
lowers – looks threateningly
lown – calm, peaceful
lowp – leap, jump
lowpin – leaping, jumping
lowse – to loose, loosen, free, unbind, release
ludgins – lodgings
lugs – ears
luve – love
lythely – gently

M

ma – my
mair – more
mairrit – married
mairry – marry
maisic – music
maist – most
makar – poet (makar)
manky – filthy, unkempt, needing a wash
maws – seagulls
mealy–mou – mealy-mouth, cowardly blandness, genteel
        evasiveness
meisure – measure
melled – mixed
micht – might
midden – dung-heap, muck–heap, heap of any kind of filth
        or shite

mily moï (Russian) – my darling

mirk – dark

miscaad – slandered, trashed, slagged off

mixter-maxter – confusion, muddle, everything mixed up

mongers – exploiters, profiteers

mony – many

mou – mouth

muckle – much

muid – mood

müne – moon

mynd – remember

myndit – reminded

mysel – myself

N

naethin – nothing

nane – none

naw – no

neebour – neighbour (used as form of address in former coalfields of Fife)

needna – needn't

nerra – narrow

neth – beneath

neuk – nook, corner, hide-away

nicht – night

nip – a measure of whisky

nocht – nothing

nor – than

nou – now

nyaff(s) – contemptible, mean-spirited person(s) (*see also* poultice *below*)

O

o – of
ony – any
oor – (1) our; (2) hour
oot – out
ootleeve – outlive
ootmaist – utmost
oot-tapped – out-topped
o's – of his
ower – (1) over; (2) too (much)
ower-cosy – too cosy
owre – over, too

P

pad – path
park – field
pawkied in – ingratiated himself
peched – panting, gasping, tired out from physical exertion
pechin – panting, gasping – *see above*
pechs – pants, gasps – *see above*
Pechts – Picts
peelie-wallie – pallid, unhealthy-looking
peetie – pity
picture-hoose – picture-house, cinema
pishin – pissing
pit (verb) – put
pit-heid – pit-head (of coal mine)
pit-mirk pads – pit-dark paths
pleisure – pleasure
plowters – trudges through wet, muddy, shitty ground

pooder – powder

pools – i.e. football pools, a betting game based on possible results of football matches; not so fashionable now and possibly extinct. The present writer knows bugger-all about football and even less about gambling.

pouer(s) – power(s)

poultice – a spineless person, a wet (*see also* nyaff *above*)

pree(d) – experience(d)

prent – print

pruive – prove

puckle – few

puir – poor

pynt – point

Q

quean – lass, girl; pronounced 'quine'

quickie – brief sexual congress

R

raither– rather

rammy – brawl

rax – stretch, expand

raxin – stretching

reekin – smelly, stinking

reek(s) – smell(s), stink(s)

reenge – range

reid – red

richt – right

ricklie – dilapidated

roch – rough

rocher – rougher
roond – round
rouchness – roughness
roun – round
ruit(s) – root(s)

S

sae – so
saicont – second
saicret – secret
sair – sore, sorely
sall – shall
Sanct–Aundraes – St Andrews (the university and cathedral
    town in Fife)
sang – song
sark – shirt
saucht – peace
saundcastles – sand castles
sauntlik – saintly
scart – scratch
scaur – precipice
schir – sir
scrieve – write
sea-maws – seagulls
seiven – seven
selsame – same, selfsame
serpens – serpent
Setterday – Saturday
settin – setting
shair – sure
shairer – surer, more secure
shairly – surely

shak – shake

shakkin – shaking

shank – shaft

sharny – shitty (mainly from cattle's defecation)

shoodery – the carrying of a child on one's back (shooder – shoulder)

shoogly – shaky, unstable, rickety

sib – alike, related

sic – such

siccar – sure, secure, certain

sicht – sight

siller – money; silver

simmer – summer

skailt – spilled, overflowed, displaced

skartit – scratched

skeelie – skilful

sleekit core o foongers an come-ups – a blandly cunning group of flatterers and careerists

smitch – speck, trace

smoorit – smothered

snell – bitterly cold

snod – comfortable, neat, well-ordered, snug

snowk – sniff

socht – sought

sonsie – buxom

sooch – breeze

sowel – soul

spaed – foretold, prophesied

speerits – spirits

speir – to ask, ask for, question

speired – *past tense of the above*

spiel – play

spitals – hospitals

spreids – spreads

spunkies – will-o'-the wisps, spirited creatures

stamack – stomach

stane – stone

stane-dry – stone–dry

starns – stars

staunin – standing

staunin-stane – standing-stone

steid – place, site, settlement

steired – stirred

stertit – started

sterve – starve

stoiter – reel, fly unsteadily

stour – dust

straiked – streaked

stramash – uproar, commotion

strand – beach

stravaig(ed) – wander(ed)

stravaigin – wandering

suid – should

sunblink – sunlight

süne – soon

swallyin – drinking profusely

swaw – wave

sweeled – swilled

sweir – reluctant

sweits – sweats

swey – sway

swurd – sword

swurl – swirl

syne – since (then); then; ago

T

taen – taken

tak tent – pay attention (to), beware, mark well

tap – top

taupestries – tapestries

teirs – tears

telt – told

tent (took tent) – (took care)

territour – territory

thaim – them

thegither – together

thocht(s) – thought(s)

thole – tolerate, put up with, endure

thon – that

thrang – (n.) crowd; (adj.) busy

thrist – thrust

thurd – third

tinks – rough, lower-class people

ti – to

ti dang wi'it! – to hell with it!

tink – lower–class person (used pejoratively)

tint – lost

tottie – small

touers – towers

towart – toward

tozie – drowsily warm

Tramway, Tron, Citz – theatres in Glasgow (Citz – the Citizens' Theatre)

trauchlin – trudging, tramping along with difficulty

treisure – treasure

troch – trough

tuik – took
tuin – tune
tummle, tak a – to pull oneself together, to cease being daft
twa – two

U

ugsome – ugly
unco – uncanny
unsneckt – unlocked
unyaisual – unusual

V

vennel(s) – narrow lane(s), alley(s), between houses or other buildings
ventered – ventured
verra – very
Victórie – Victoria
virr – energy

W

waa(s) – wall(s)
wabbit-like – exhausted, knackered
wad – would
wadna – wouldn't
wagon, on the – off the booze, teetotal
walcome – welcome
walterin – upheaval
walth – wealth
wame – stomach
wanchancy – sinister

wark(ed) – work(ed)

warkt – worked

warld – world

warlt – world

warlt's ilka airt – world's every direction

watter – water

waukened – wakened

weans – children

wede awaa – carried off, removed, by decay or death

weemen – women

weet – wet

weill – well

weill-kent – well-known

weird – fate, fortune, destiny

wey – way

wha – who

whase – whose

whaur – where

whilk – which

whin(s) – furze, gorse

whit – what

whummlins – overturnings

whyles – once, formerly, in the past

wi – with

winchin – courting, going out with someone you fancy

windfaa – windfall

winna – won't

wintit – wanted, lacked

wis – was

wi's – with his

worricows – hobgoblins, demons

wrang – wrong

wrocht – wrought
wud – mad, crazy
wuidit – wooded
wumman – woman
wunnered – wondered

Y

yabbled – chattered
yaisin – using
yez – you (plural), youse
yill – ale
yince – once
yird – earth
yirdit – buried
yit – yet
yon – that
yont – beyond, yonder
yowk – yolk (colour)
yuise – use

Z

zha hüre, sir! – a form of address, half–menacing banter, favoured by working-class Fife males. It doesn't mean 'you prostitute' – the 'hüre' is close to the Hiberno-English 'cute hoor', meaning someone who is too smart, even too smart for their own (or, rather, anyone else's) good.

ABOUT THE AUTHOR

Tom Hubbard is a novelist, poet and former itinerant academic whose second novel, *The Lucky Charm of Major Bessop*, appeared from Grace Note Publications in 2014; readers are still working out the teasing clues in this 'grotesque mystery of Fife'. His other works of fiction are the novel *Marie B.* (Ravenscraig Press, 2008), based on the life of the late-nineteenth century painter Marie Bashkirtseff, and, more recently, *Slavonic Dances* (Grace Note, 2017), a set of three linked novellas based on the comic and tragic encounters of the Scottish characters with eastern and east-central Europe. His book-length collections of poetry are *The Chagall Winnocks* (2011) and *Parapets and Labyrinths* (2013), both Scottish and European in their scope and also published by Grace Note. Tom was the first Librarian of the Scottish Poetry Library and went on to become a visiting university professor in France, Hungary and the USA. He has also worked as a researcher at Maynooth University in his ancestral Ireland. From 2000 to 2005 he edited the online Bibliography of Scottish Literature in Translation (BOSLIT); for this he conducted research in many mainland European countries. Between 2013 and 2016 he edited volumes of essays on Baudelaire, Flaubert and Henry James for Grey House of New York, and a three-volume annotated selection of the writings of Andrew Lang for Taylor & Francis. He has recently prepared a pamphlet (for Tapsalteerie Press) of Scots versions of the work of the Hungarian poet Győző Ferencz, and has also worked on other translations of Hungarian poetry, as commissioned by Dr Zsuzsanna

Varga of Glasgow University. In Dundee he recorded his Scots versions of European poetry for the CD *The Scots Leid in Europe*, released in June 2017 by Scotsoun (Scots Language Society / Scots Leid Associe). In November 2015 he was elected an Honorary Member of the Széchenyi Academy of Letters and Arts, Budapest, and in April 2017 he became an Honorary Fellow of the Association of Scottish Literary Studies, which is administered at Glasgow University.

He lives in his native Kirkcaldy.